만화
온 가족이 함께 읽는
천로역정

온 가족이 함께 읽는
만화 천로역정
ⓒ 생명의말씀사 2015

2015년 6월 5일 1판 1쇄 발행
2022년 1월 21일   5쇄 발행

펴낸이 | 김창영
펴낸곳 | 생명의말씀사

등록 | 1962. 1. 10. No.300-1962-1
주소 | 서울시 종로구 경희궁1길 6 (03176)
전화 | 02)738-6555(본사) · 02)3159-7979(영업)
팩스 | 02)739-3824(본사) · 080-022-8585(영업)

지은이 | 서은경

기획편집 | 유선영
디자인 | 김혜진
인쇄 | 영진문원
제본 | 보경문화사

ISBN 978-89-04-23013-6 (03230)

저작권자의 허락없이 이 책의 일부 또는 전체를
무단 복제, 전재, 발췌하면 저작권법에 의해 처벌을 받습니다.

만화
온 가족이 함께 읽는
천로역정

존 번연 원작 / 서은경 글·그림

추천사

　천로역정은 성경 다음으로 많이 읽혀진 책입니다. 우리나라에도 복음이 들어온 후 1895년 게일 선교사에 의해 번역되었습니다. 우리가 예수를 믿어야 할 이유, 예수를 믿고 살아가는 길을 천로역정 만큼 잘 설명해 주는 책이 없을 것입니다.

　저도 20대초 예수를 믿고 성경 다음으로 제일 먼저 읽은 책이 천로역정이었습니다. 천로역정은 저의 인생을 만든 책이 되었습니다. 이런 천로역정이 만화로 소개되어 다음 세대들이 어려서부터 읽을 수 있다는 것은 한국교회의 내일을 위해 너무나 축복된 일입니다.

　천로역정의 문체가 어렵다고 느끼는 많은 어른 성도들도 이 책을 읽었으면 합니다. 아니 온 가족이 함께 만화 천로역정을 읽는다면 가정의 부흥회가 될 것입니다. 만화 천로역정으로 우리의 인생이 변화되기를 기도합니다. 이 귀한 책이 이 땅의 모든 그리스도인 가정, 모든 교회에서 읽혀지기를 강추합니다.

_ 이동원 목사(지구촌교회)

만.화. 천.로.역.정.

세상의 어떤 기쁨으로도 비교될 수 없는 것은 예수 그리스도를 통한 구원의 기쁨일 것입니다. 그 구원의 길을 걷는 순례자들에 관한 이야기, 존 번연의 『천로역정』을 서은경 작가가 만화로 다시 구성했습니다.

저자는 주일학교 교사로 오랫동안 어린이들에게 예수님을 가르치던 경험과 열정으로 참 재미있고 이해하기 쉽게 그렸습니다. 청소년 여러분들도 만화 천로역정을 읽으며 구원의 길을 끝까지 달려간 크리스천의 꿈을 갖게 되길 바랍니다.

_ 박흥용 만화가 (영화 '구르믈 벗어난 달처럼' 원작)

프롤로그

만화 천로역정에는 대략 40여 명의 선과 악을 대변하는 캐릭터가 등장합니다. 이 만화를 만들기 시작하며 '믿음', '소망', '질투', '위선' 같은 추상적인 단어들을 어떻게 캐릭터화 할까 고민이 되었지만 그 문제는 곧 해결이 되었는데 그것은 이들 단어들은 추상적으로 들리지만 사실은 오늘도 살아서 내 삶을 지배할 수도 혹은 가까이서 도움을 줄 수도 있는 실제적인 이미지들로 나와 내 주변에 존재하기 때문이지요.

하나님을 믿으며 우리는 수많은 선택을 하게 됩니다.
'예수님을 믿어야지.'
'이 지긋지긋한 죄로부터 떠나야겠어.'
나의 천국행, 지옥행을 결정하는 이 중요한 시작마저 우리는 선택을 해야 합니다. 과연 어떤 선택이 옳은 선택, 바른 선택일까요. 주인공 크리스천이 그의 등에 짊어지고 있던, 책가방과는 비교할 수도 없이 크고 더러운 죄짐이 그렇게 무겁지 않았다면 고향인 멸망의 도시를 아마 결코 떠나지 않았을 겁니다. 그래서 순례여행의 출발은 선택이라기보다는 죄를 깨닫게 하심이 먼저라는 생각이 들게 되지요.

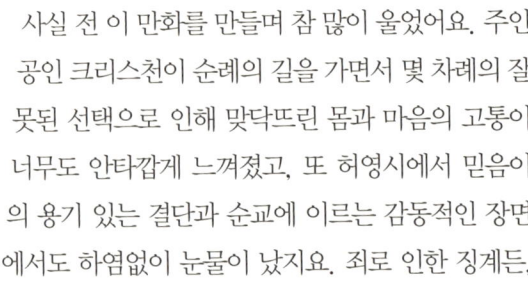

사실 전 이 만화를 만들며 참 많이 울었어요. 주인공인 크리스천이 순례의 길을 가면서 몇 차례의 잘못된 선택으로 인해 맞닥뜨린 몸과 마음의 고통이 너무도 안타깝게 느껴졌고, 또 허영시에서 믿음이의 용기 있는 결단과 순교에 이르는 감동적인 장면에서도 하염없이 눈물이 났지요. 죄로 인한 징계든,

만.화. 천.로.역.정.

선으로 인한 고난이든 사실 주인공이 겪는 상황은 경우가 다를 뿐 성도라면 누구나 이 땅에 살면서 처하게 되는 상황이고 선택이기도 합니다.
특히 절망거인의 에피소드에서는 '절망'이 얼마나 큰 거인으로 우리에게 어두운 그늘을 드리우며 심적인 고통을 주어 끝내 죽음으로 몰아넣는지를 보여주지요.(절망거인 근처에는 얼씬도 맙시다!)

그러나 무엇보다 작업을 하며 가장 놀란 것은 바로 '마지막 장면' 때문이었습니다. 어떤 작품이든 이야기의 끝은 주인공의 이야기로 마무리되기 마련인데 천로역정의 끝부분을 장식하는 것은 주인공인 크리스천이 아니라 '무지'라는 아이기 때문이지요. 무지는 구원에 대한 지식 없이 자신의 의를 믿으며 선한 행실로 천국에 들어갈 수 있다고 생각하는 아이입니다. 이 생각은 그럴듯해 보이지만 하나님 입장에서 보면 가장 악하고 무지한 사람인 셈이지요. 이런 무지한 사람도 스스로를 속이며 얼마든지 천국 문 코앞까지 올 수 있다는 존 번연의 이야기는 참으로 놀랍지요. 존 번연이 독자에게 정말 하고 싶은 이야기가 바로 이 '무지'에 대한 경각심이 아닐까... 하는 생각이 들었어요.

천로역정의 가장 큰 장점은 역시 성경을 바탕으로 이 땅에서 천국까지 이르는 순례의 여정을 시뮬레이션해볼 수 있다는 것입니다. 믿음생활을 하며 만나게 되는 여러 상황들을 이 만화를 통해 객관화시켜 보세요. 그리하여 크리스천처럼 구원의 길을 끝까지 완주할 수 있기를 바랍니다.
이 책이 나오기까지 힘써주신 모든 분들께 거듭 감사드립니다.

2015년 5월 서은경

1

멸망의 도시
절망의 수렁
시내산
좁은 문

다녀왔습니다.

아니 넌 뭐하다 이제 와!

와구 와구

얼른 씻고 학원 가!

엄마, 아빠 얘들아! 난 지금 미쳐 버릴 것 같아.

답답한 마음을
달래기 위해
들판으로 나간
소년은

참았던 눈물을 흘리며
통곡하기 시작했다.

어떻게 해야

구원을 받는다는 말인가!

그 순간 전도자가 다가오는 것이 보였다.

전도자

왜 울고 있나요?

영원히 변치 않는 아름다운 나라가 있어.
우린 거기서 영원한 생명을 얻어
천사들과 함께 영원토록 살게 되는 거지.

거기엔 우리 머리에 씌워줄 생명의 면류관과
태양처럼 우리 몸을 빛나게 해 줄 의복이 마련되어 있고

또 아픔과 슬픔도 없대.
왕 되신 주님이 우리 모든 슬픔을 씻어주시기 때문에.

첨벙

절망의 수렁

어푸 어푸

살려줘~ 크리스천, 어딨어?

몰라. 어푸~ 나도 빠져서 어디가 어딘지 모르겠어.

뭣!

내가 지금 누구 때문에 이 고생을 하고 있는데!!
넌 믿고 따라가다간 고생길이 아주 훤~하다 훤~해.

변덕이는 죽을힘을 다해
수렁에서 빠져 나왔다.

…

난 내가 살던
멸망마을로 돌아갈 거야.

너 혼자 그 기막힌 왕국인지
뭔지 가서 잘 살아봐.

변덕이 떠난 후 크리스천은
다시 그를 보지 못했다.

크리스천은 혼자 절망의 수렁에 남아 허우적거리고 있었다.

이 등짐이 너무 무거워서 자꾸 가라앉으려 해.

그는 마을 반대쪽으로 안간힘을 쓰며 나아가 좁은 문이 보이는 수렁 가장자리 쪽으로 가서 빠져나오려고 버둥거렸다.

그러나 아무리 애를 써도 짐 때문에 수렁에서 빠져 나가기가 쉬운 일이 아니었다.

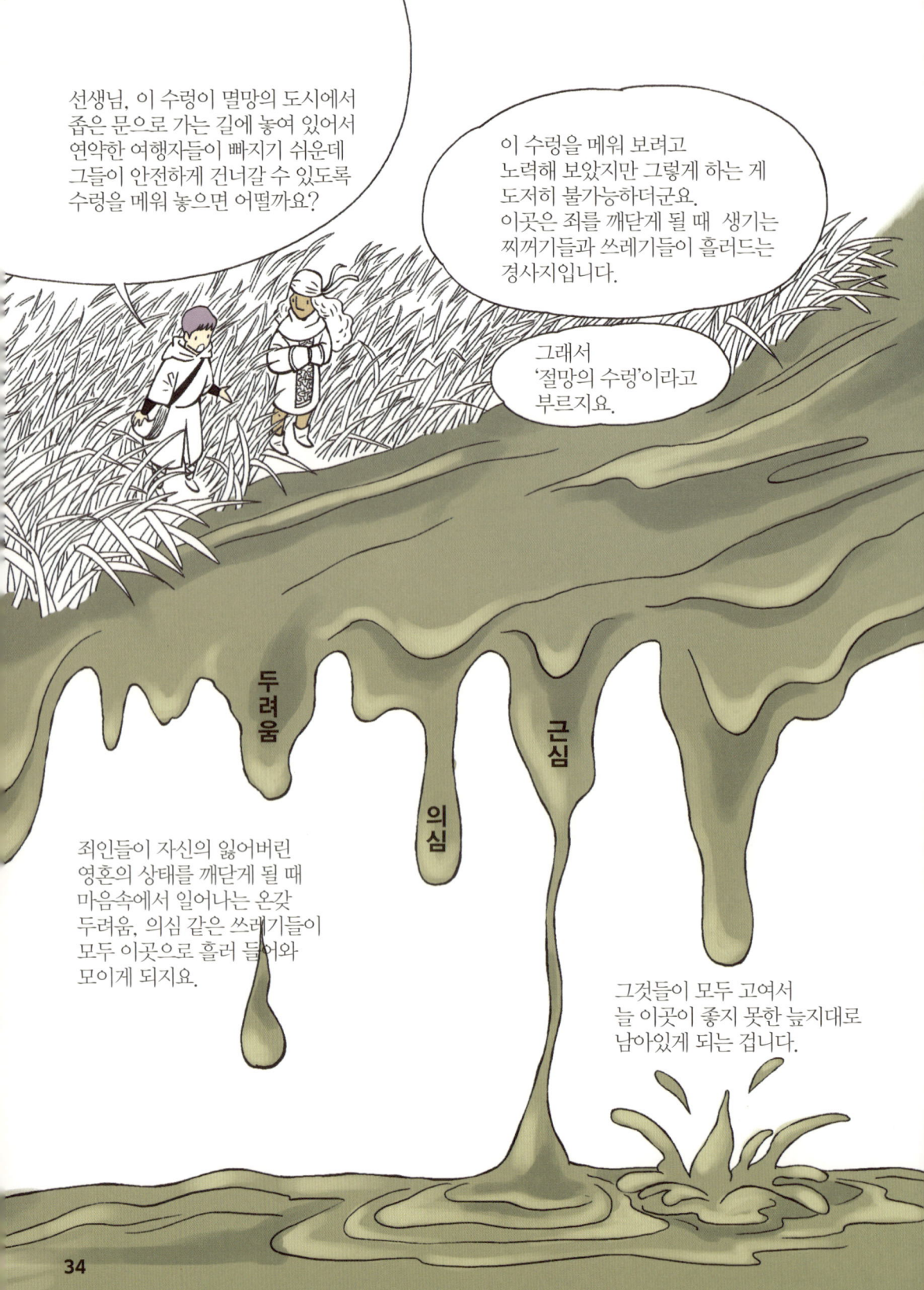

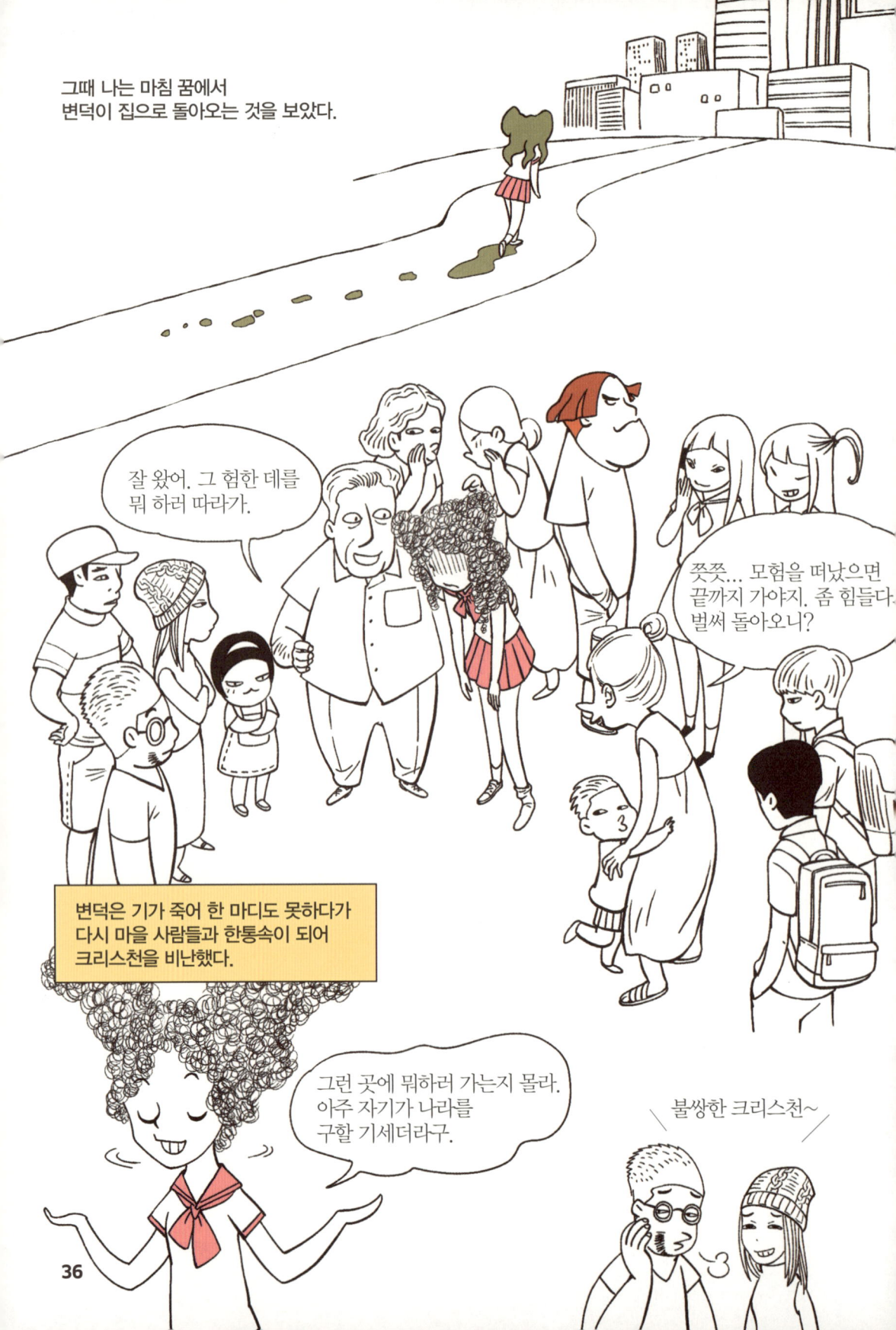

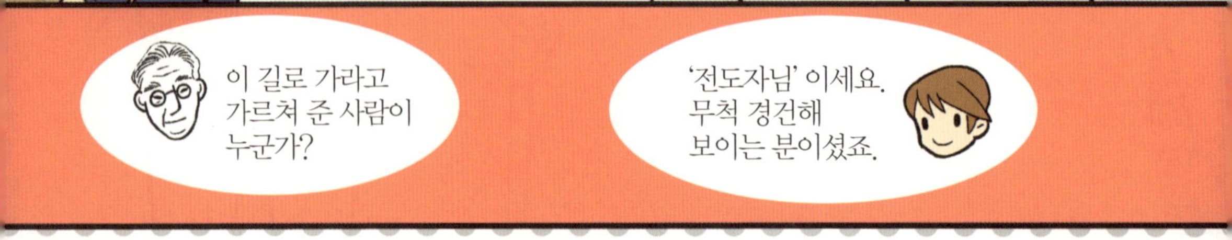

이 길은
예수님과 그 제자들이
앞서 닦아놓은 길로
곧게 뻗어 있습니다.

2

해석자의 집
그림이 있는 방
한번도 치우지 않은 방
격정이와 인내
성령의 불길
웅장한 성
감옥
심판의 꿈

그때, 한 사람이 격정이에게 다가가는 것이 보였다.

해석자님, 이건 무슨 의미죠?

두 아이는 상징적인 인물이지.
격정이는 이 세상 사람을 의미해.
방금 보았듯이 격정이는
당장 모든 것을 가지려다
결국 누더기를 걸치게 돼.

반면 인내는 귀한 것을 얻으려고
지혜롭게 참고 기다리다
결국 빛나는 영광을 얻게 된단다.

정말 중요한 것은,
이 세상 것들은 순식간에 물거품이 되지만
장차 올 영광은 영원하다는 것이지.

그렇군요.
덕분에 정말 소중한 것을
깨달았어요.

'영원'

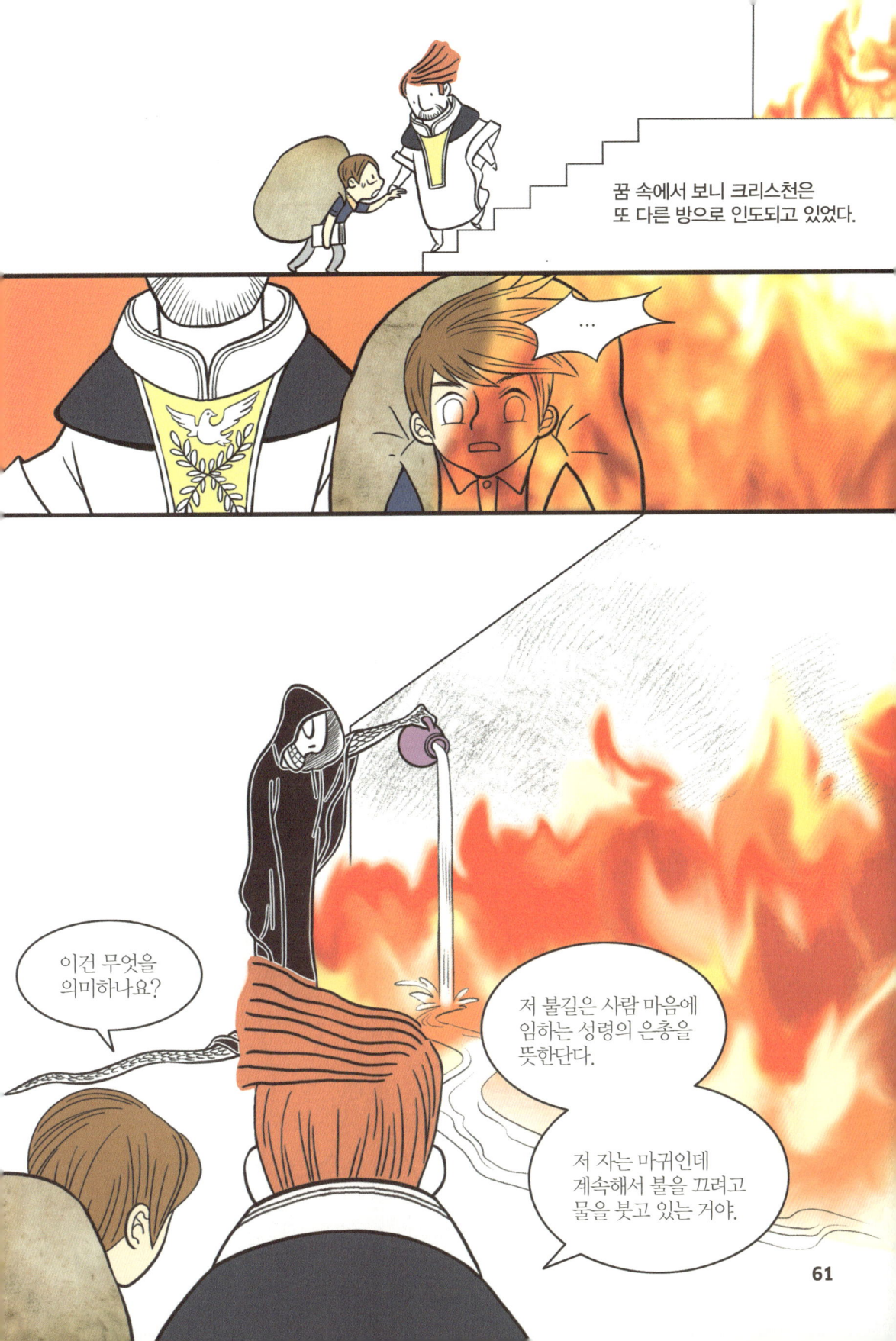

해석자는 크리스천을 웅장하고 아름다운 성으로 데려갔다.

멋진 성이네요. 우리도 저 성 안으로 들어갈 수 있을까요?

왜 들어가지 않고 문 앞에 서 있는 거죠?

궁전 문 앞에는 어떤 사람이 책상에 앉아 궁전으로 들어가려는 사람들의 이름을 책에 적고 있었고

성문 앞은 무장한 군인들이 굳게 지키고 있었다.

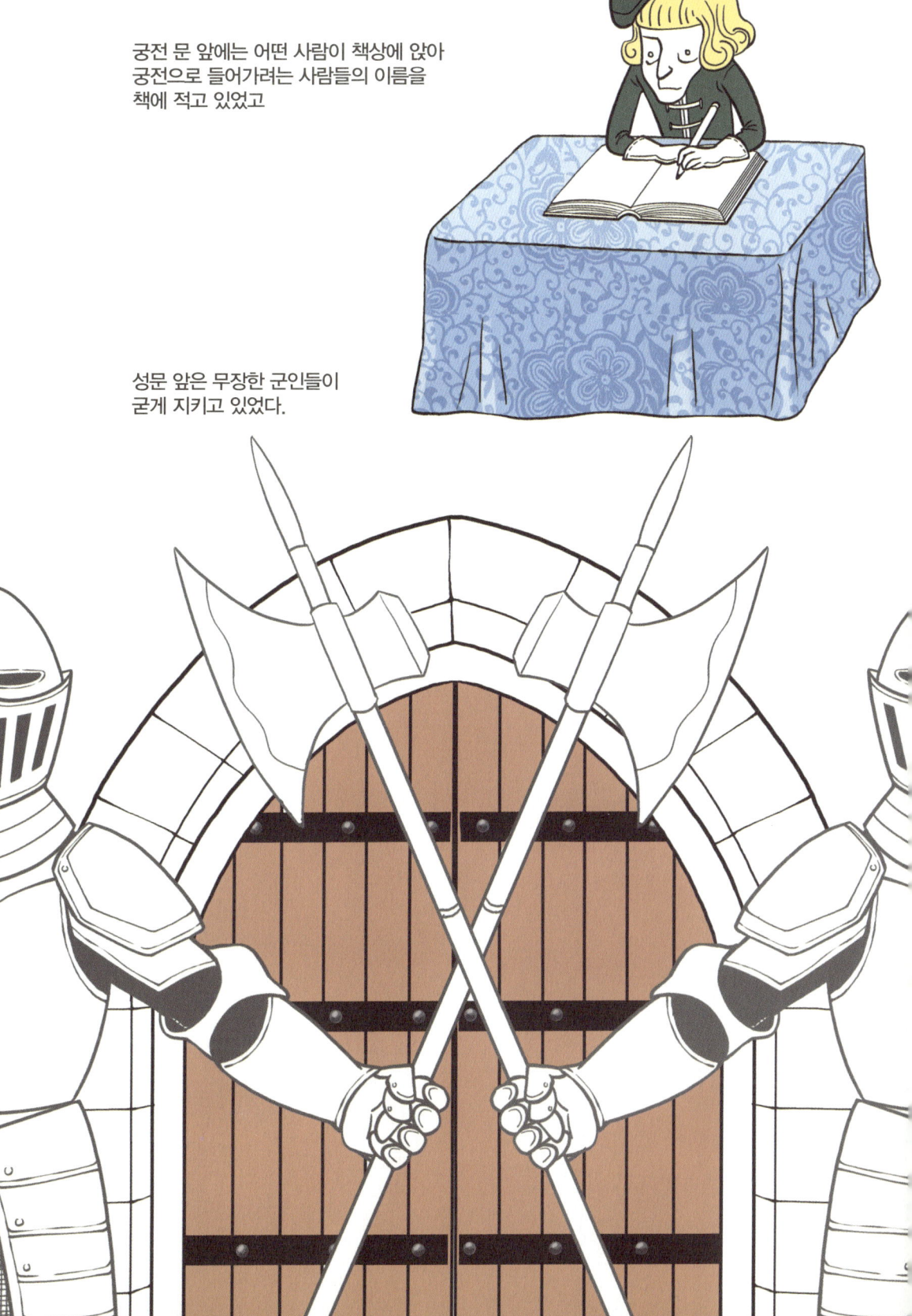

이름이 적히자 그는 투구를 눌러쓰고
칼을 뽑더니 용감하게 싸우며
문 앞의 군인들을 헤치고 나아가

그때 그분이 시중드는 이에게
다시 명령을 내렸어.

알곡을 모아들이라.

그러자 수많은 사람들이
구름 속으로 올라가는 거야.

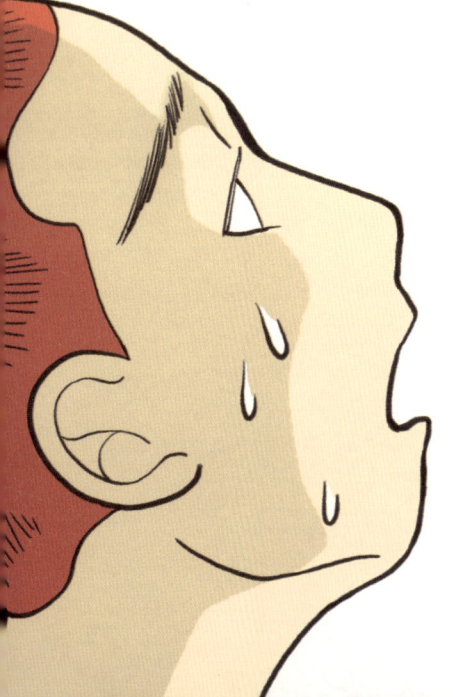

그런데 나만 홀로 땅에 남아 있었어.
구름 속에 계신 분이 계속 나를
내려다 보셔서 피할 수도 없었고,
지금까지 지은 죄들이 떠올라
내 양심을 괴롭혔지...

그러다가 잠이 깬 거야.

그런데 형은 뭐가 그리 무서웠어?

심판날은 다가왔는데 난 아무런 준비도 되어있지 않았거든.

나는 들림받지 못했어.
다른 사람들은 올라가는데...

지금까지 본 것들을 신중히 생각해 보았니?

예, 기쁨과 두려움이 동시에 느껴져요.

그래, 이 모든 일들을 명심하고 힘내렴.

선한 크리스천,
우리의 위로가 되신 주님이
너와 함께 가며
항상 지켜주실 거야!

3

십자가 언덕
고난의 언덕
아름다운 저택

어떻게 해도
떨칠 수 없던 짐이
십자가 앞에 서니
이렇게 쉽게 벗겨지다니...

그분이 슬픔을 당하심으로
내가 쉼을 누리고
그분이 죽으심으로
내가 생명을 얻었구나!

크리스천은 십자가를 바라보고 또 바라보았다.

그때 세 사람이 다가왔다.

평강이 있을지어다.

아침이 되어 크리스천이 다시 출발하려고 하자,

잠시만요. 가시기 전에 꼭 보여드릴 게 있어요.

가족들은 그를 서재로 안내했다.

여기 이 책들은 아주 오래 전 일들을 기록해 놓은 것이랍니다.

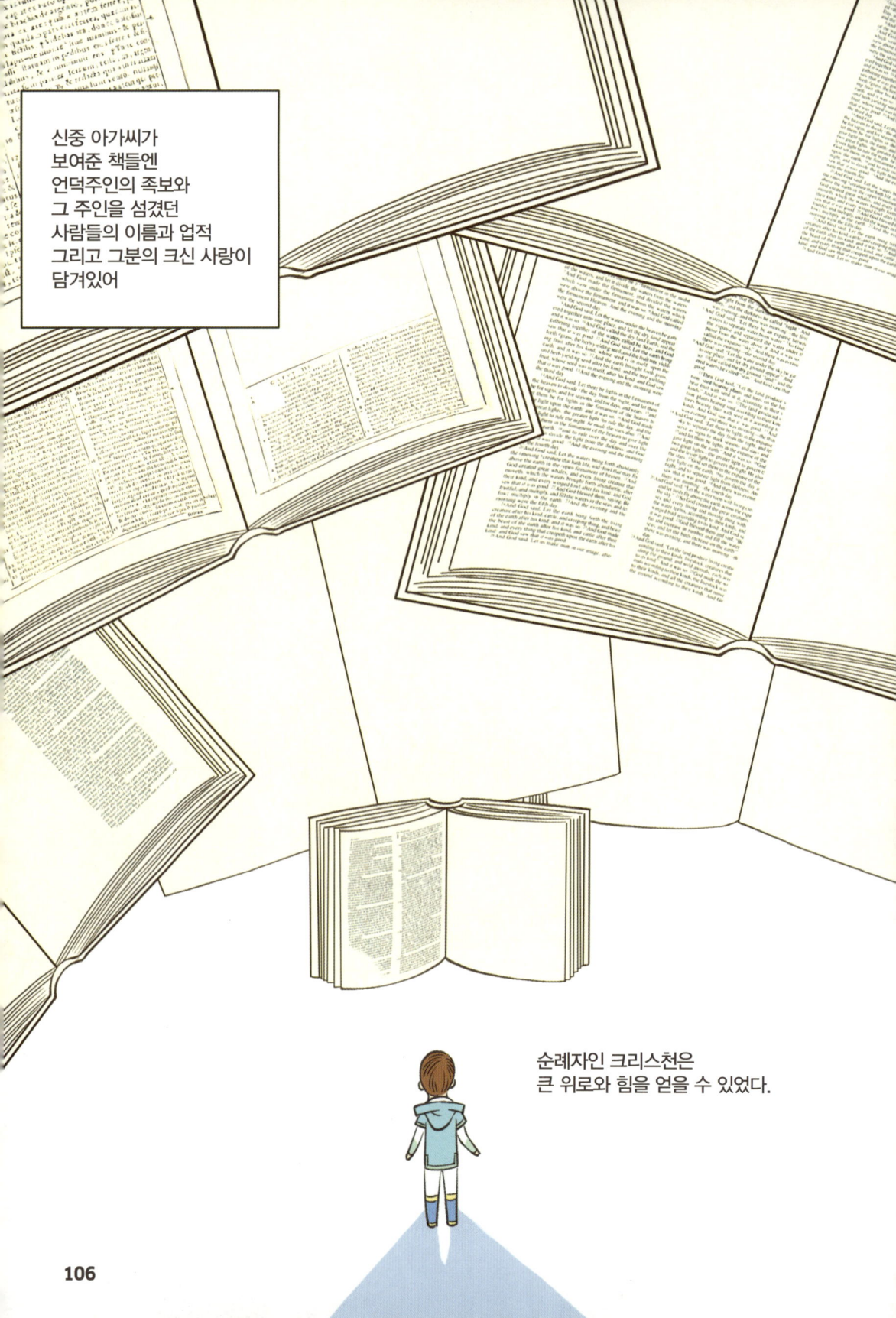

그들의 말대로 남쪽을 바라보니
그림처럼 아름다운 산지가 펼쳐져 있었다.

저곳은 이름이 뭔가요?

'임마누엘의 땅'입니다.
순례자들 사이에선 유명한 곳이지요.
꼭대기에 올라가서 보면
하늘나라의 문을 볼 수 있고
양을 치는 목자님들도 만나실 겁니다.

이제
떠날 시간인 것
같네요.

잠깐!
드릴 게 있어요.
아주아주
중요한 겁니다.

4

겸손의 골짜기
사망의 음침한 골짜기

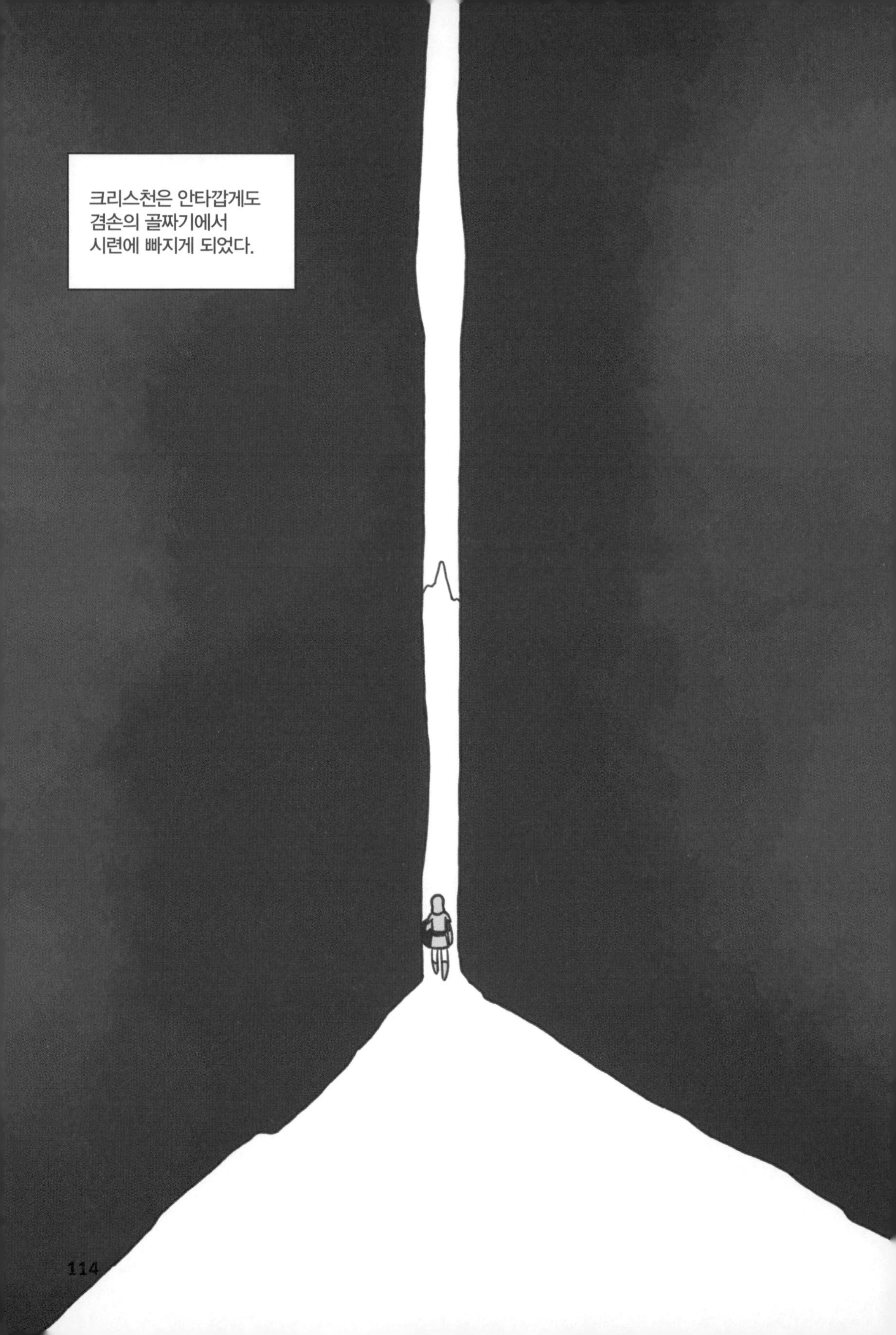

크리스천은 안타깝게도
겸손의 골짜기에서
시련에 빠지게 되었다.

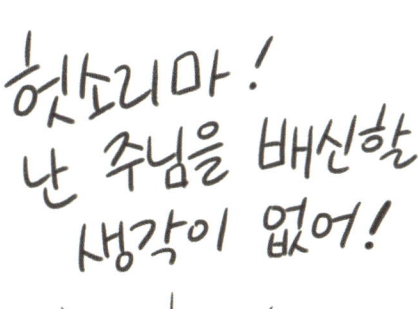

헛소리마!
난 주님을 배신할
생각이 없어!

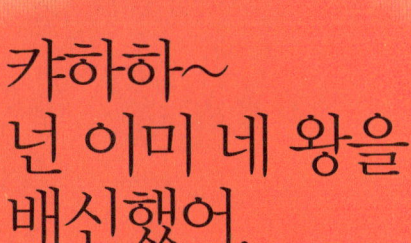

캬하하~
넌 이미 네 왕을
배신했어.

처음에 길을 나섰을 때
마음이 약해져서
절망 수렁에 빠진 일을
잊은 건 아니겠지?

또 너의 죄짐을 벗어보려고
꼼수를 부린 적도 있었고

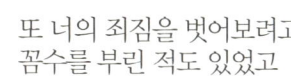

아름다운 집에서
네 여정을 이야기할 때도
은근히 부풀려 잘난척을 하고
알아주길 바랐잖아.

117

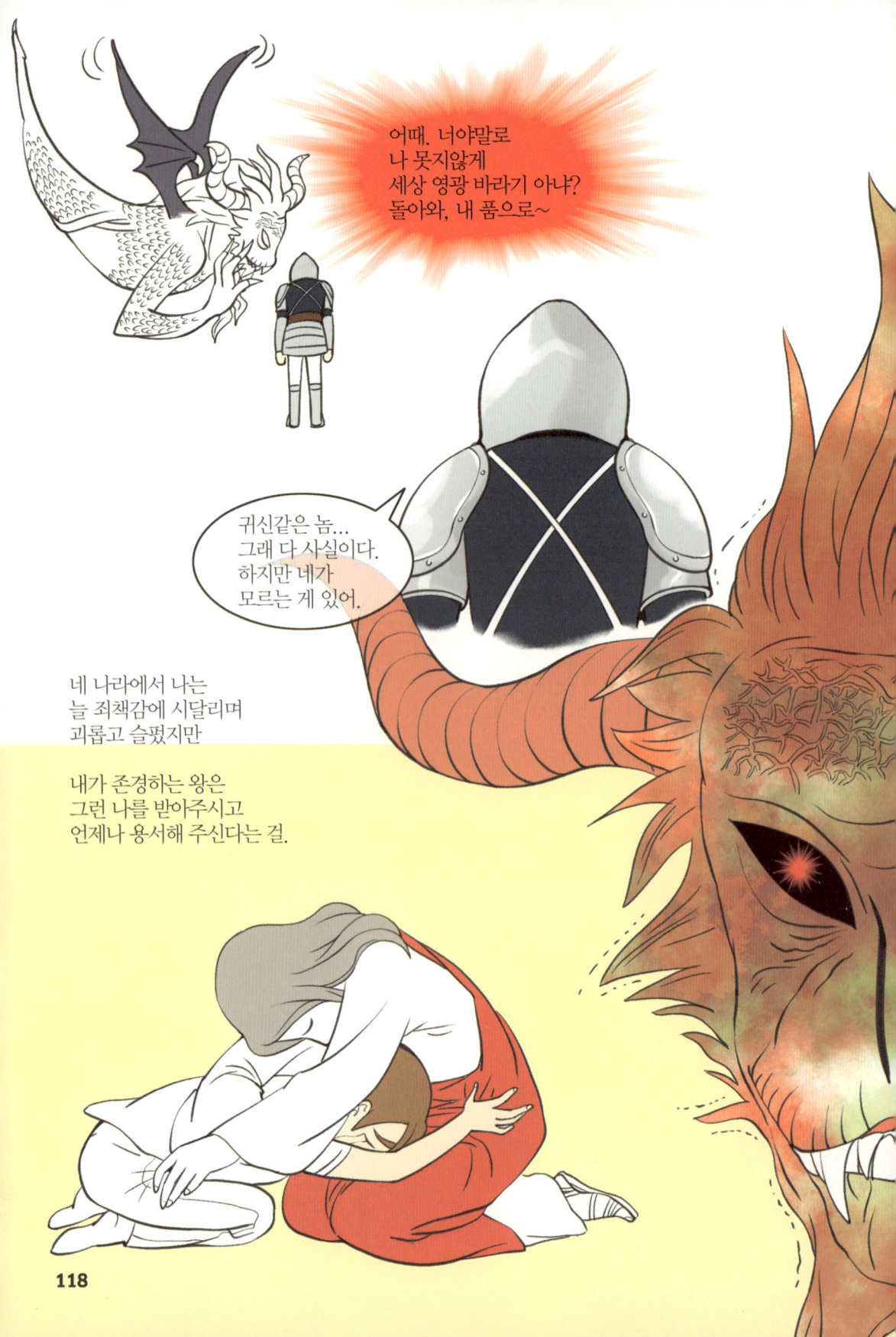

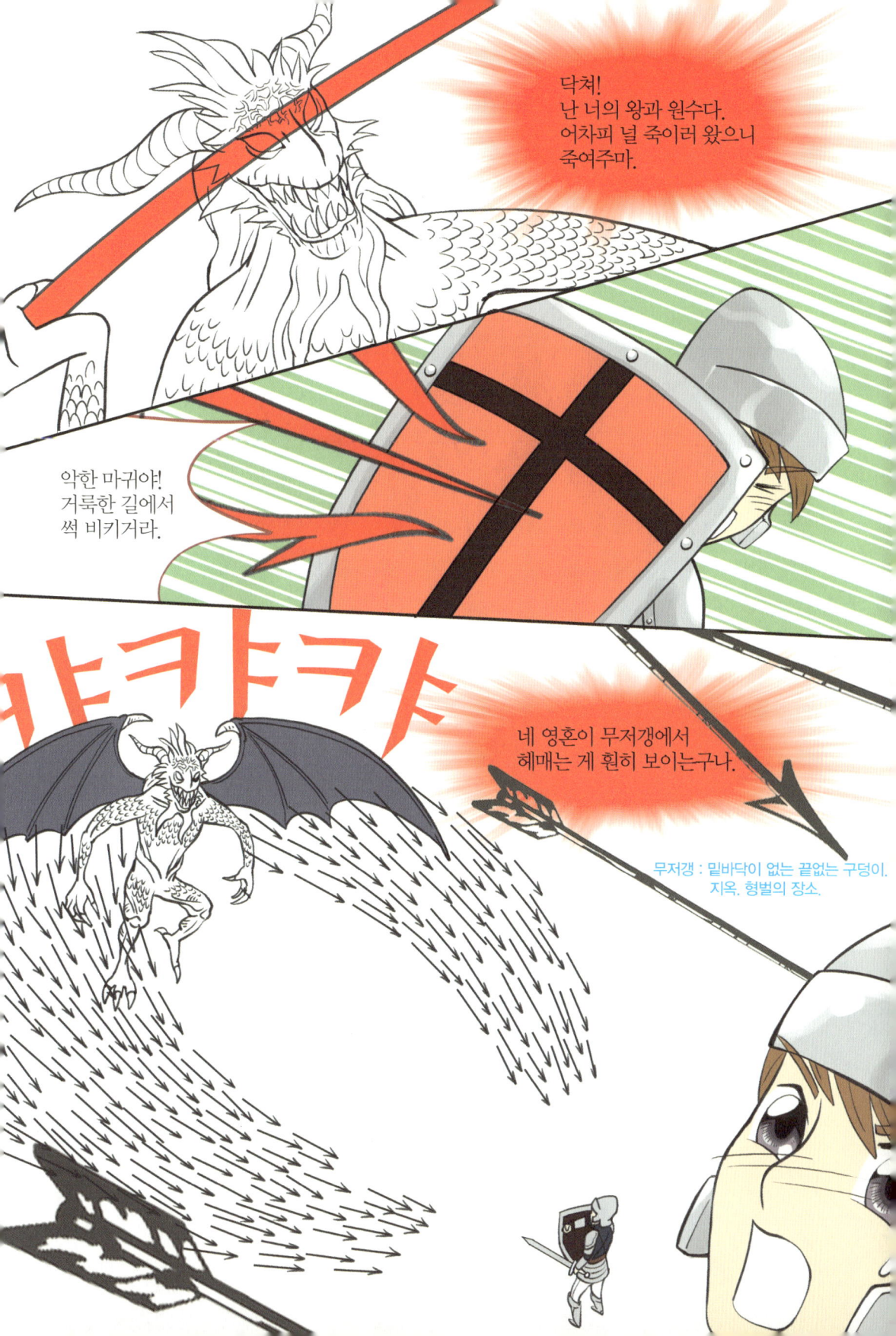

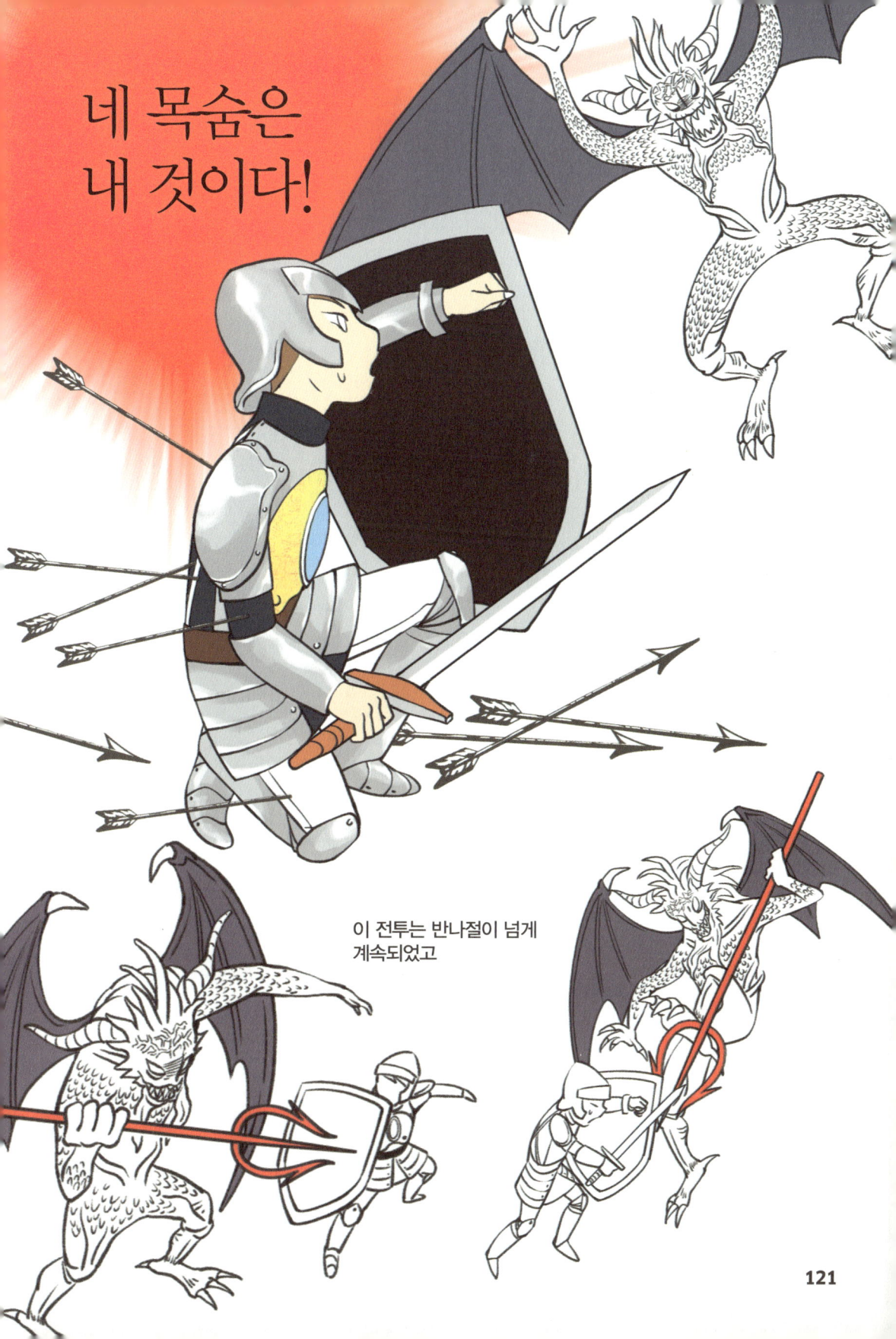

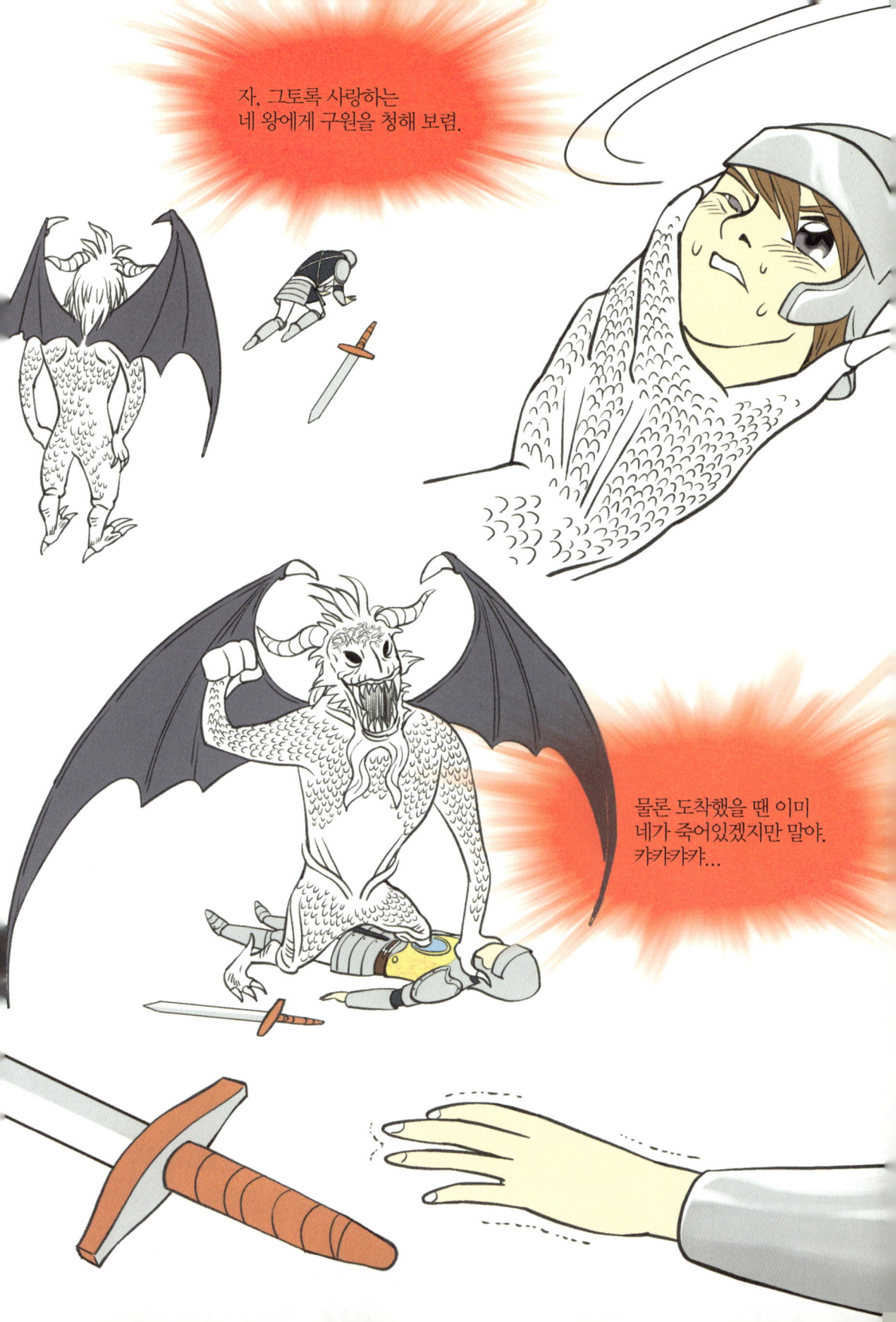

나의 대적 아볼루온아,
나로 인해 기뻐 말아라.
나는 넘어져도
다시 일어난다.

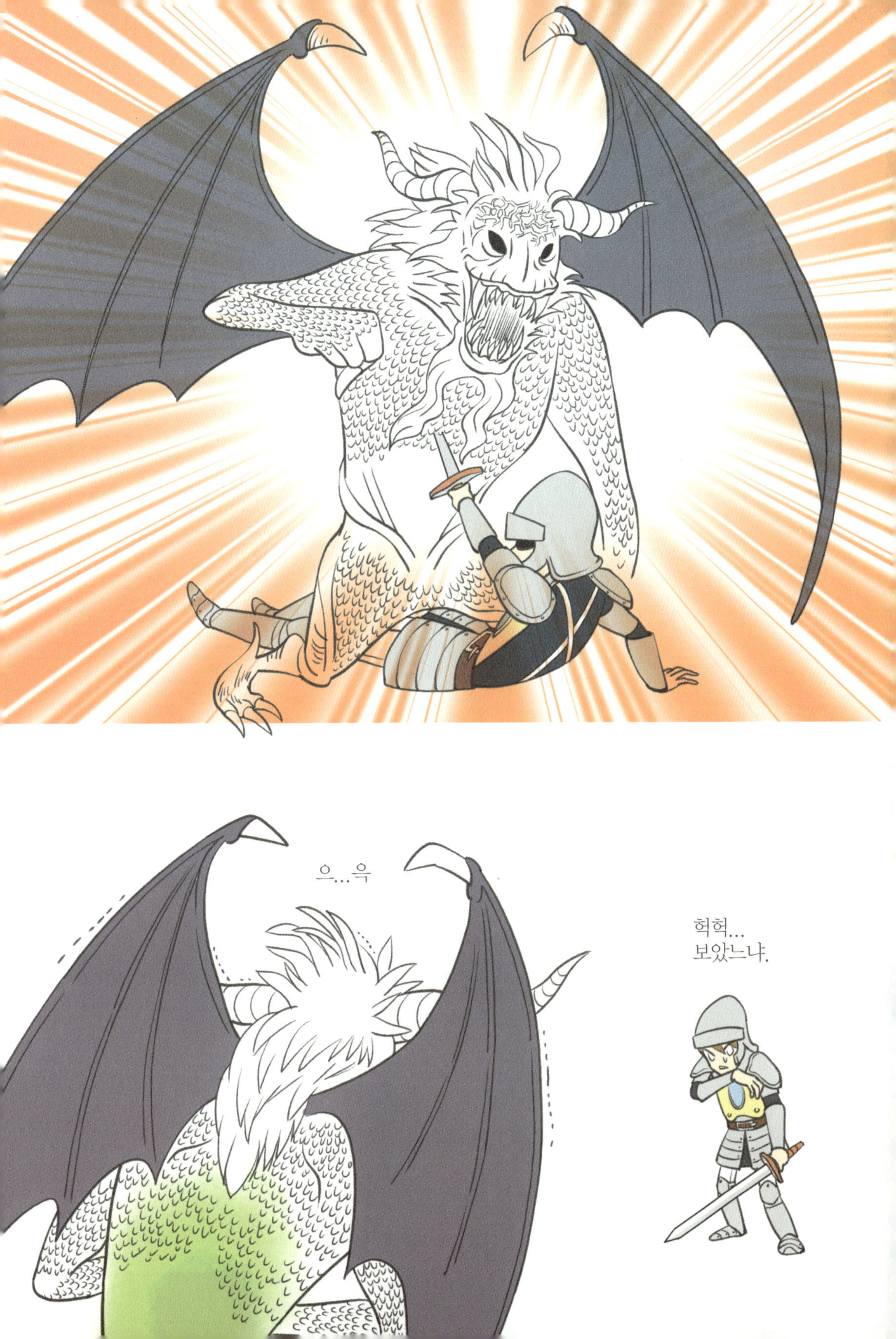

으...윽

헉헉...
보았느냐.

골짜기를 다 지나니 또 다른 골짜기가 있었다.

하나님 나라로
가는 길은
이 길밖에
없구나!

이 골짜기는 '사망의 음침한 골짜기'라 불리는 곳이었다.

그때였다.

♪♪ 내가 사망의 음침한 골짜기로 다닐지라도 ♪

찬송가 소리다!

나만 여기 있는 게 아니구나.

그래, 하나님은 나와 함께 하셨지. 비록 내가 그분을 느끼지 못할 때에도!

같이 가요

그러나 앞에 가는 사람 역시 자신이 혼자라고 생각하며 걷고 있었기에 대답하지 않았다.

크리스천은 마침내 골짜기 끝에 이르렀다.

하나님의 등불이
내 머리에 비춰니
내가 그의 밝은 빛을 힘입어
어둠을 뚫고 지나가노라.

5

거친 광야
허영시

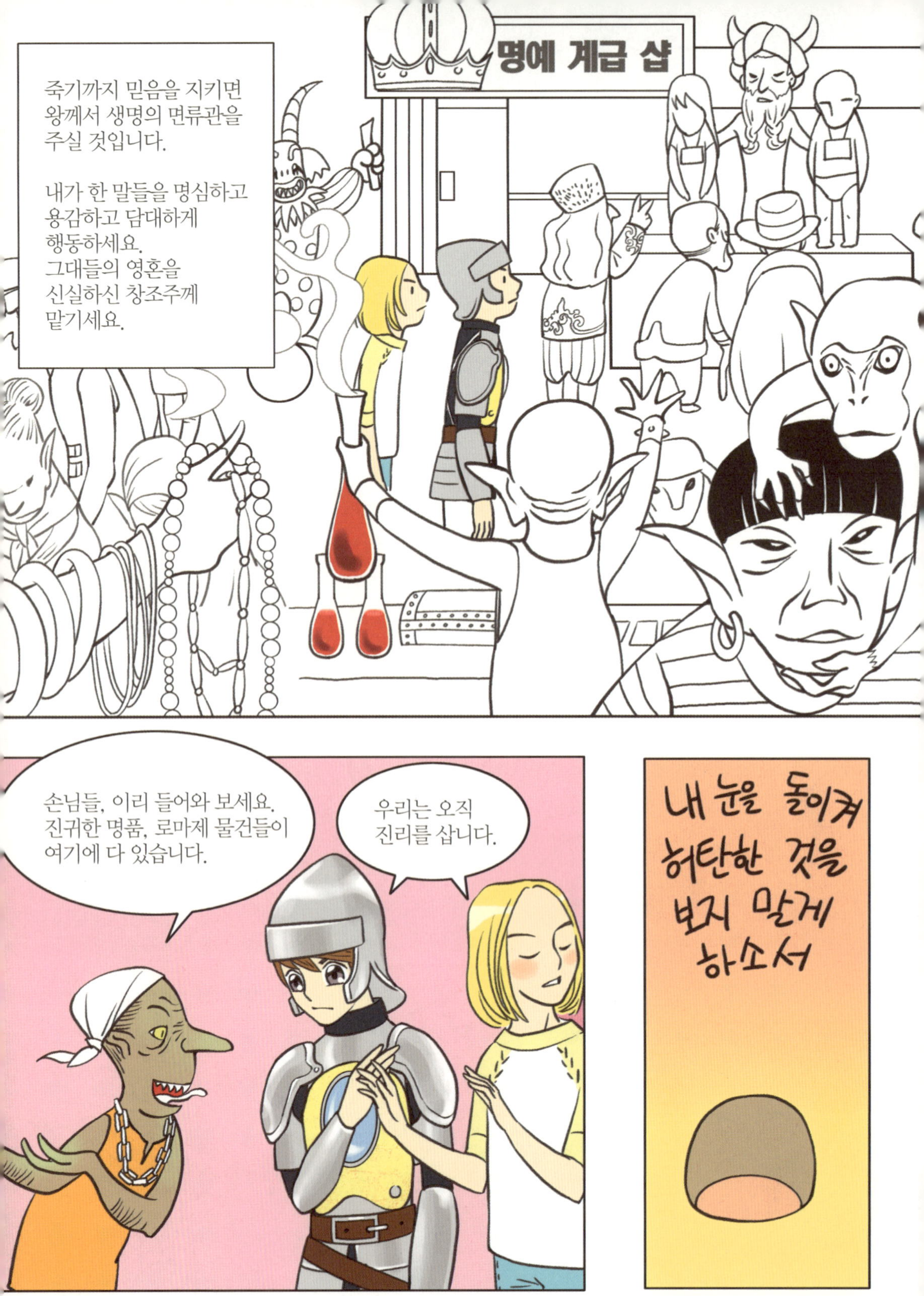

이 자들을 흠씬 두드려 패주고 시장에 끌고 다녀랏!

그러나 크리스천과 믿음은 전도자의 당부대로 이 모든 일들을 침착하고 담대하게 받아들였다.

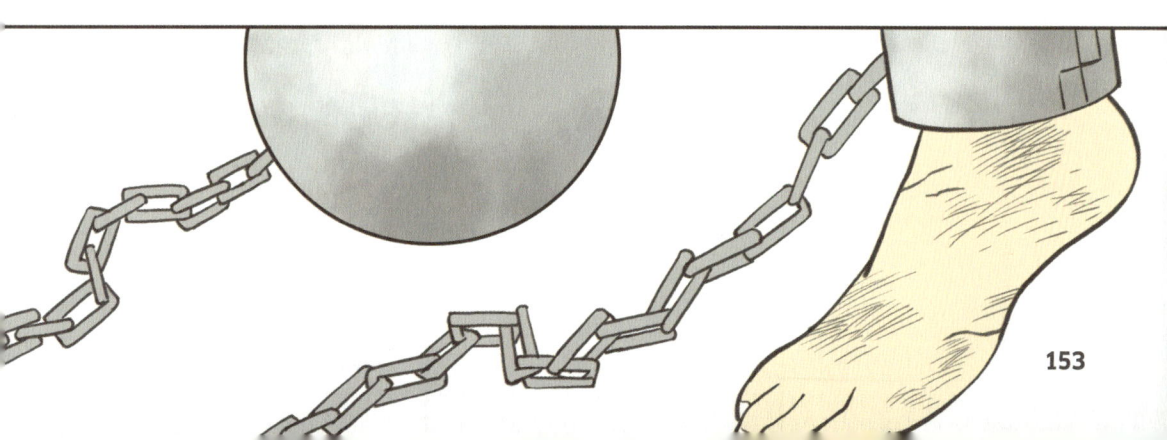

그러므로 피고의 행위는 사형 받아 마땅합니다.

배심원들은 밖으로 나가 평결을 냈다.

...

자, 그럼 결정됐지요?

피고, 믿음

사형!

믿음은 그 즉시 끌려 나가 모진 고문을 당하고

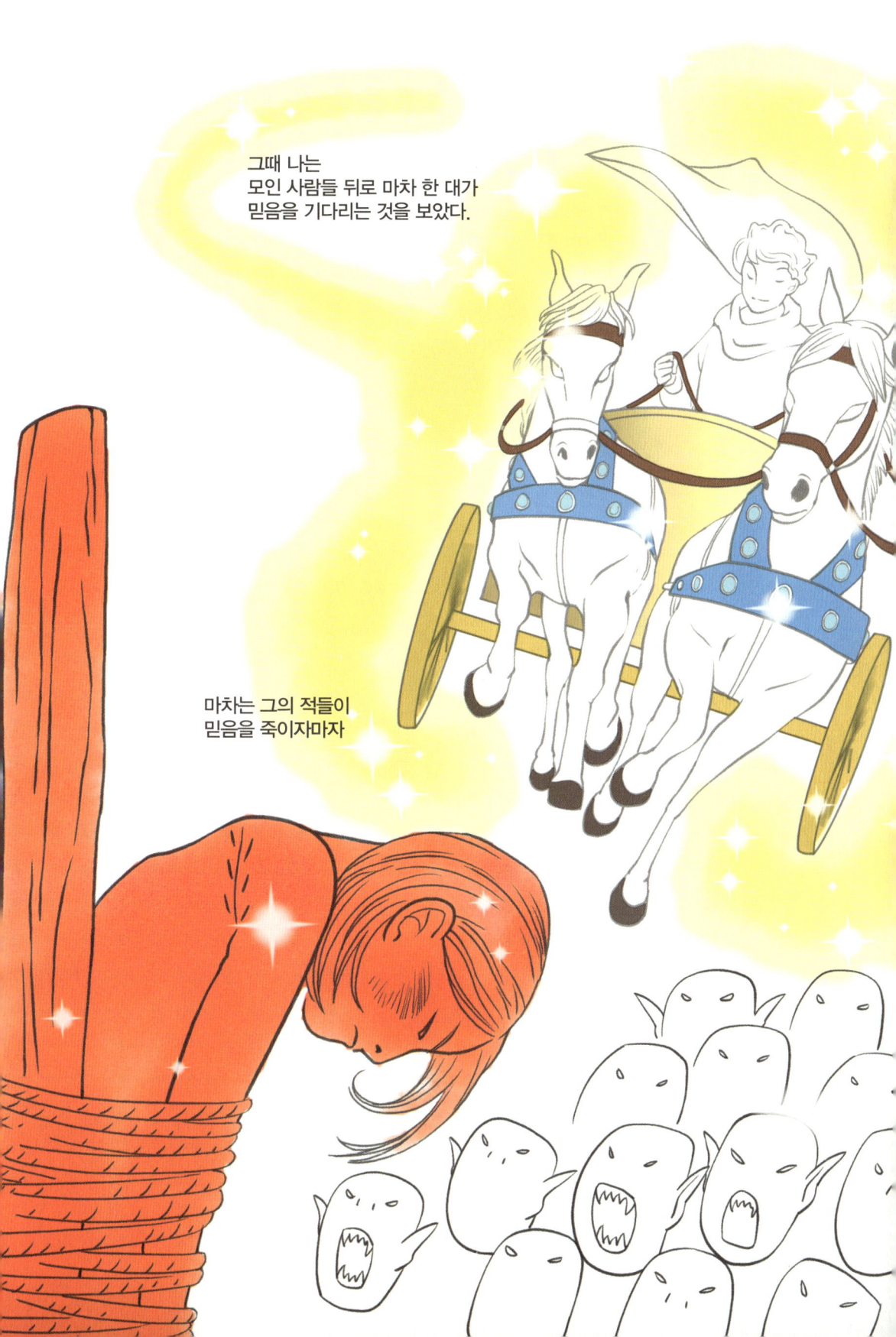

그를 맞이해
하늘나라 천국 문을 향해
곧장 날아갔다.

6

평안의 평지
재물의 언덕
의심의 성
기쁨의 산

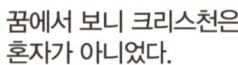
꿈에서 보니 크리스천은 혼자가 아니었다.

네 이름이 소망이야?

응, 허영시장에서 형과 믿음이가 고난 받는 모습을 보고 그렇게 이름 붙였지.

두 사람 덕분에 허영시장의 많은 사람들이 순례길을 떠나고 있어.

실례지만 어디 가세요?

난 감언이설마을에 사는 사람이오. 하늘나라로 가는 중이고.

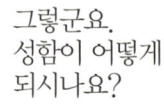

그렇군요. 성함이 어떻게 되시나요?

초면에 뭐... 같은 방향이면 같이 가고... 근데 난 혼자 가도 상관없거든.

이마에 뭔가 써 있는데? 가까이 가보자.

저게 뭐지?

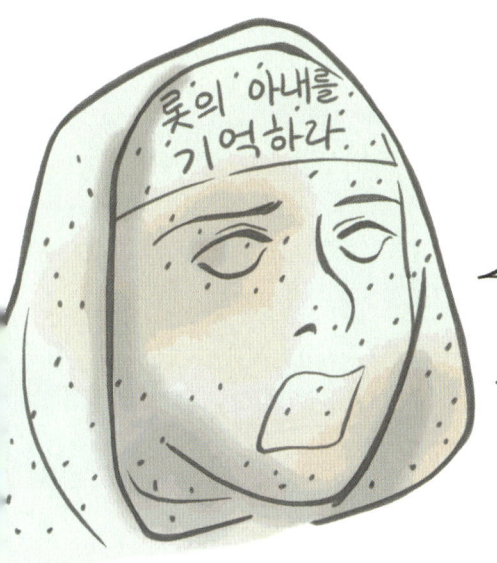

롯의 아내를 기억하라

롯의 아내면, 소돔성에서 나올 때 탐심으로 뒤를 돌아보다가 소금기둥이 된 여인!!

소망아, 우리가 아주 적절할 때 이 기둥을 본 것 같지?

아까 데마한테 유혹 당해 재물언덕에 넘어갔다면 우리도 이렇게 소금기둥이 되었을 거야.

맞는 말이야. 롯의 아내를 기억하자!

감옥에 돌아온 그들은 자정 무렵이 되자 기도를 시작했고 기도는 날이 새도록 계속되었다.

날이 새기 전 크리스천은 퍼뜩 놀라 외쳤다.

"소망아, 나한테 열쇠가 있다는 걸 깜박 잊고 있었어."

"열쇠?"

"그래. 이 의심성 모든 문을 열 수 있는 '약속'이라는 열쇠가 있었어. 바로

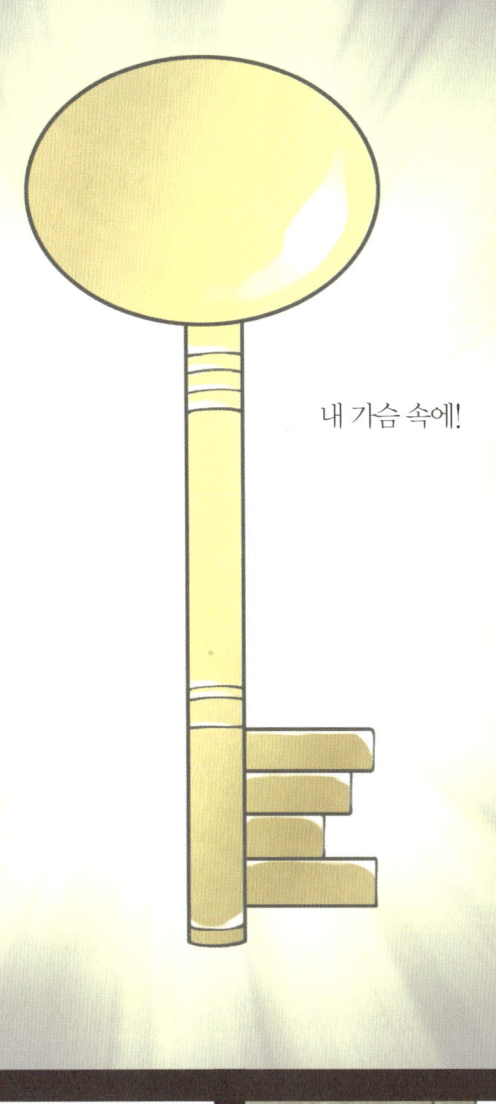
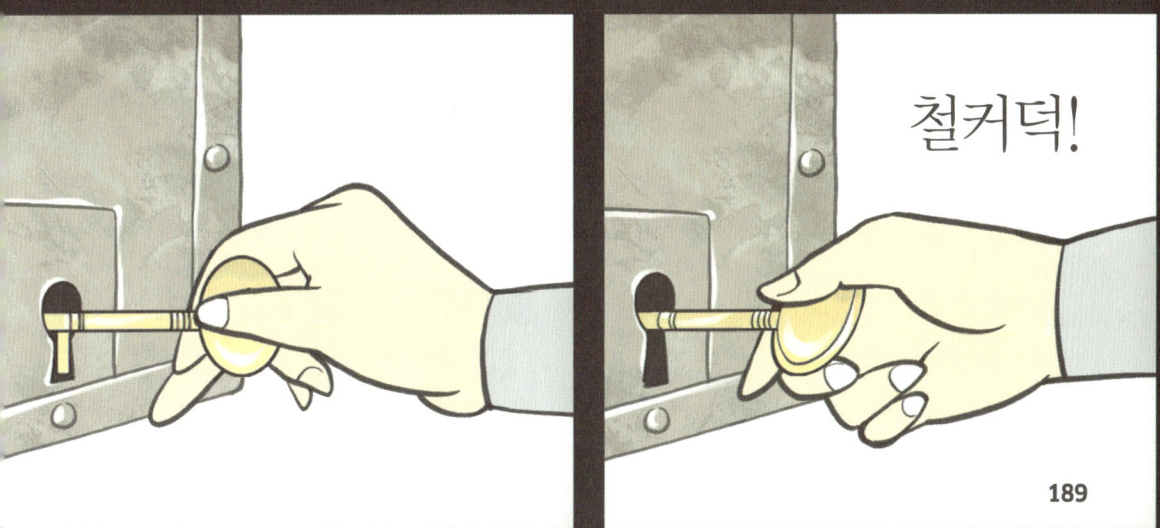

가던 길을 벗어나서 깨달았다네.
들어가지 말아야 할 땅을 밟으면
어떻게 되는지를.

뒤에 오는 순례자여, 조심하라.

함부로 들어가
원수의 포로가 되지 않도록.

그의 성은 의심성.
주인의 이름은 절망이라네.

주의!
이 길로 가면 순례자를
잔인하게 죽이는
절망거인이 있으니
절대! 절대! 가지 말 것

오다가 이 산 아래
초원으로 들어가는 계단을 보셨지요?
저 사람들은 가던 길이 험하다고
좀 편한 길로 들어섰던 순례자들입니다.
하지만 거기엔 절망거인이 살고 있어요.
그 거인은 순례자를 잡아 지하에 가두며
모진 고문을 하다 결국 눈을 뽑은 후
저렇게 무덤에 내다 버립니다.

'슬기로운 길에서 벗어나는 사람은
죽은 사람들과 함께 쉬게 될 것이다.'라고 했던
현자의 말 그대로지요.

두 사람은 자신들이 겪었던 일을 떠올리며
소리 없이 울었다.

목자들은 그들을
산 옆에 있는 문으로 안내했다.

안을 들여다보세요.

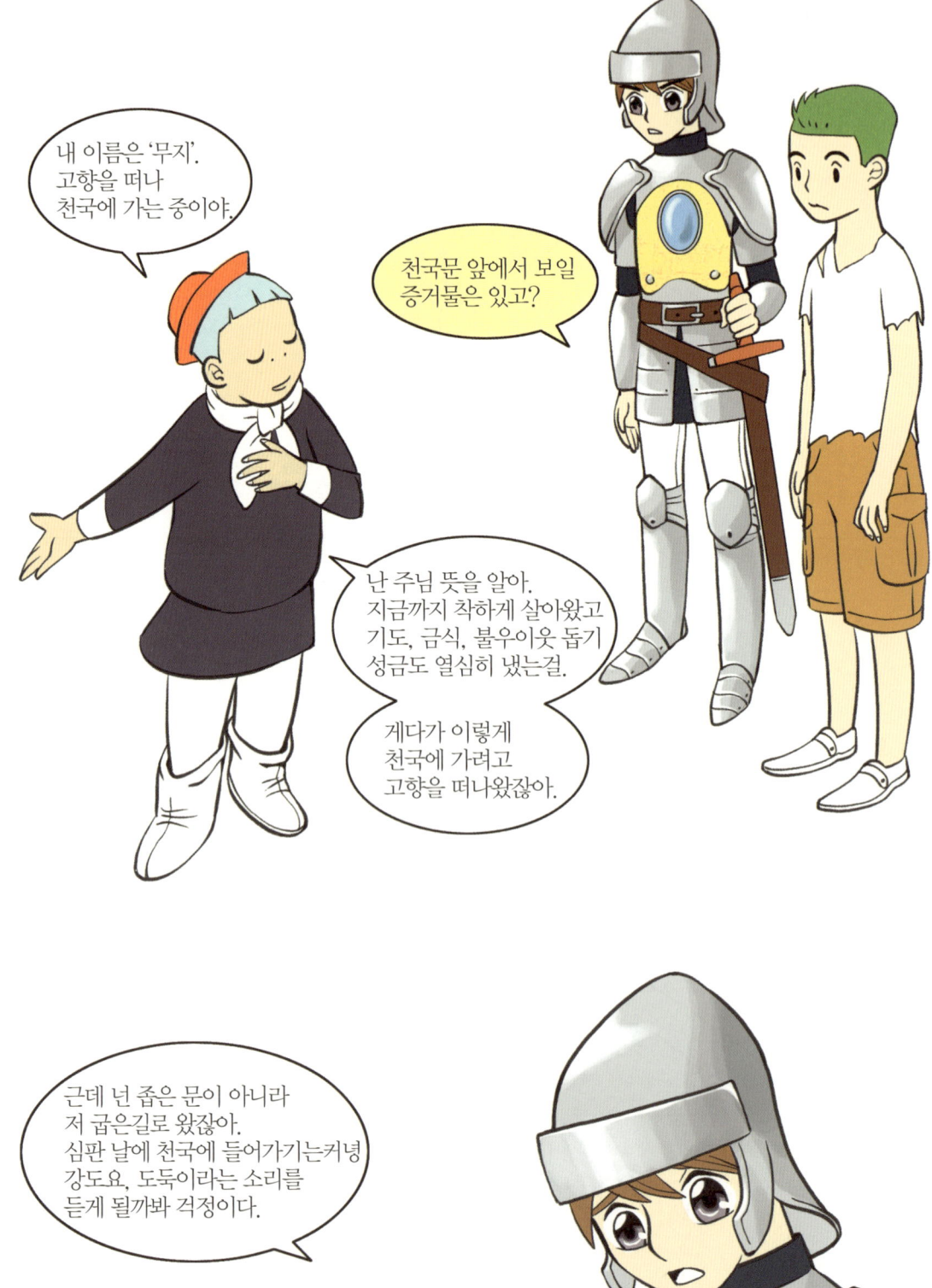

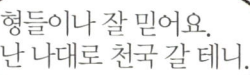

그들은 무지를 앞서 걷기로 결정했다.

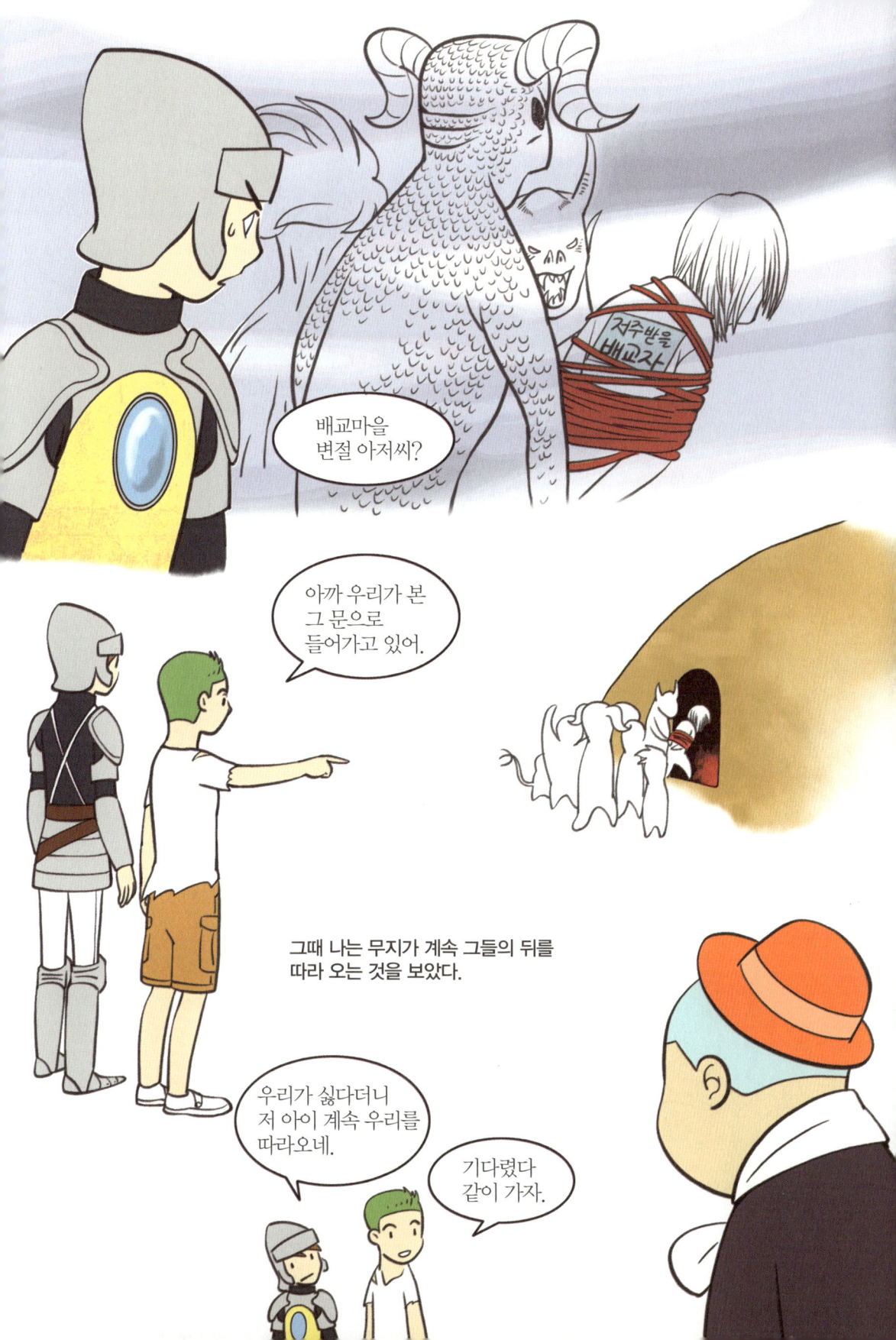

무지야.
참 믿음은 율법으로는 구원받을 수 없음을 깨닫고
그리스도의 의를 받아들이는 거야.

네 믿음에 따르면 그리스도는
네 인격이 아닌 네 행위를 의롭다 하는 분이잖아.
그건 잘못된 거야.

네 믿음은 거짓된 것이고 심판 날,
하나님의 진노를 피할 수 없어.

7

뿔라의 땅
시온성

꿈에서 보니 두 순례자는 미혹의 땅을 다 지나
뿔라의 땅으로 들어가고 있었다.

뿔라 : '결혼한 여자'. 이스라엘이 회복되어 '하나님의 신부'가 될 것이라는 의미.

너희는 시온의 딸들에게 이르라. 보라 네 구원이 이르렀느니라!

형! 저기 봐.
성이 아주
또렷이 보여.

하나님 나라에는
시온산과 하늘 예루살렘과 천군, 온전케 된 의로운 영들이 있습니다.
여러분은 곧 하나님 나라에 이를 것이며
거기서 생명나무를 보게 되고 그 나무에서 난
결코 썩지 않는 열매를 먹게 됩니다.

또 흰옷을 입고 주님과 함께 세세 무궁토록 살게 될 것입니다.
거기서는 세상에서 본 슬픔, 좌절, 아픔, 죽음을
다시는 보지 않을 것입니다.

그리고 먼저 올라간 이들을 만나고
큰 상급이 주어질 것이며
그분이 바람날개를 타고 땅에 재림하실 때
그분과 함께 가게 됩니다.

그리고 모든 심판 후 하늘나라로 함께 돌아가
그분과 영원 세세토록 함께 살 것입니다.

그때 문 위에 어떤 이들이 있었는데
그들은 에녹, 모세, 엘리야 같았다.

"그들은 누군가."

"이 두 사람은 이곳의 왕을
사랑하는 마음을 품고서
멸망의 도시에서 온
순례자입니다."

두 순례자는 각각 순례길 입구에서 받은
증명서를 내주었다.

그 증서는 왕에게 전달되어

이들은 지금 어디에 있느냐?

문 밖에 서서 기다리고 있습니다.

너희는 문들을 열고 신의를 지키는 의로운 나라가 들어오게 할지어다.

나는 꿈 속에서 두 순례자가 마침내 열린 성문으로 들어가는 것을 보았다.

그런데 놀라운 일이 일어났다.
이들이 문에 들어서자마자

짜—아

두 사람의 모습이 완전히 달라진 것이다.

형, 우리 옷이...

두 사람은 또 명예를 나타내는 면류관과

하나님을 영원토록 찬양할 악기를 받았다.

두 순례자를 따라
들어가 본 그 나라는
해와 같이 빛나고
길 위의 많은 백성들과
머리 위 천사들의 찬송이
아름답고 찬란하게 울려 퍼지는
그런 나라였다.

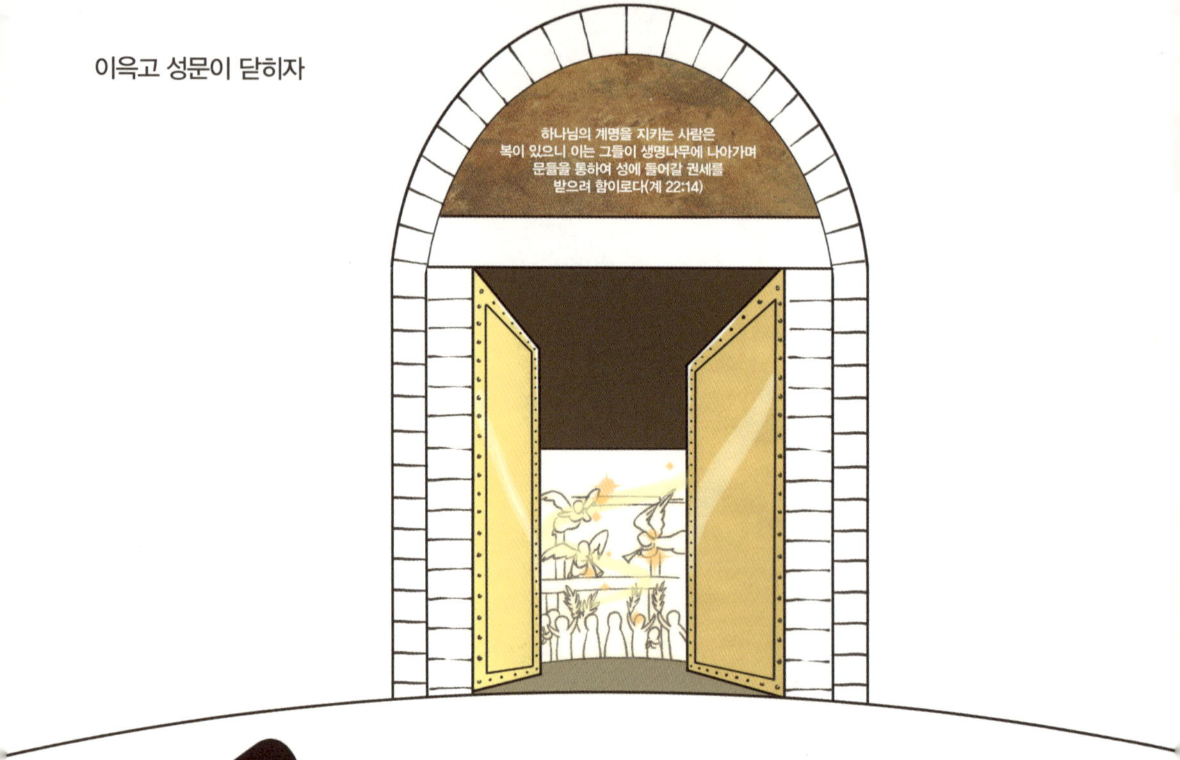

이윽고 성문이 닫히자

그 찬송하는 모습을 본 나는 그들과 함께 어울리고 싶은 마음이 한없이 간절해졌다.

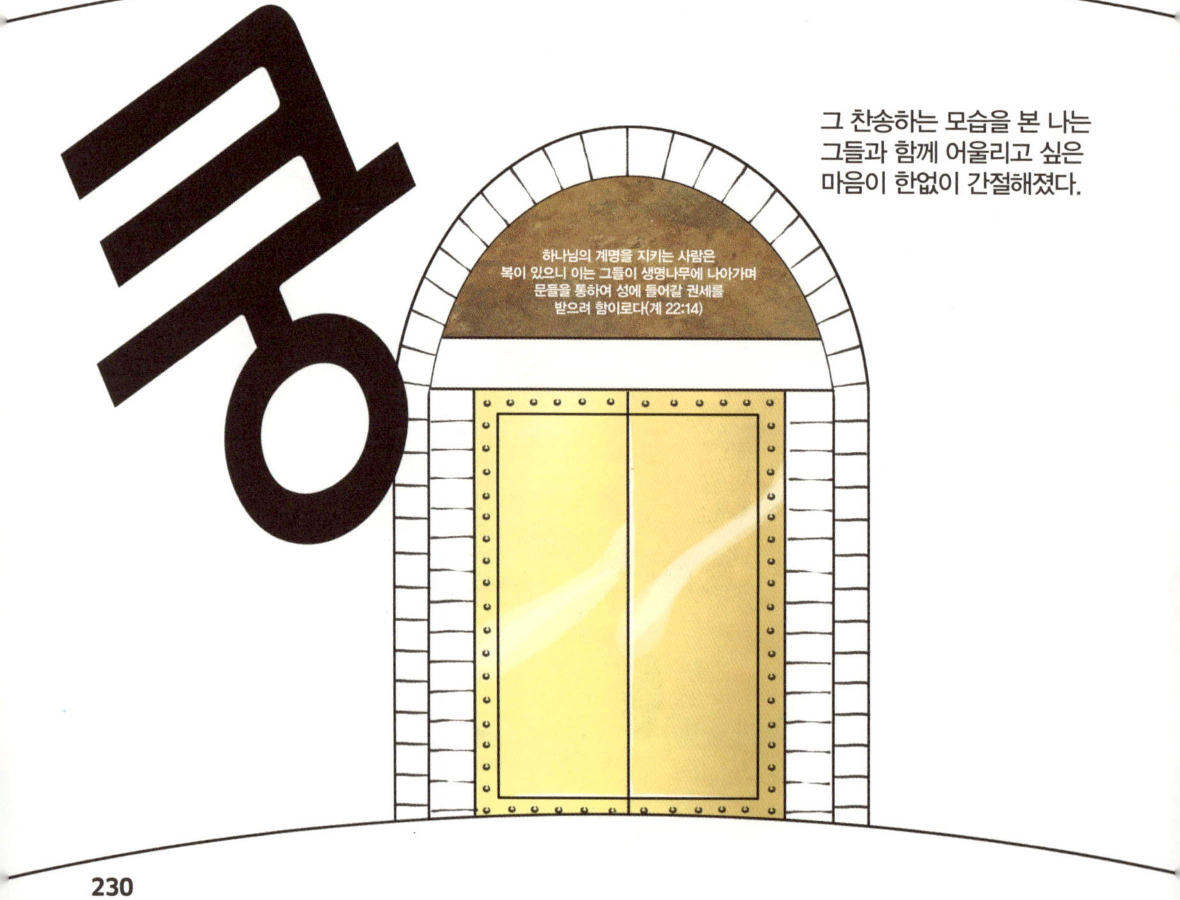

하지만 그를 맞으러 나오거나 위로의 말을
건네는 사람은 없었다.

그는 홀로 걷다가 성문에 도착했다.

왕에게 이 사실을 전했으나
왕은 무지를 보러 나오지 않았다. 대신.

그 자의 손과 발을 묶어 쫓아버리라.

나를 맞으러 온 천사들인가 보네.

그들은 무지를 전에 내가 언덕 비탈에서 보았던 문으로 데려갔다.

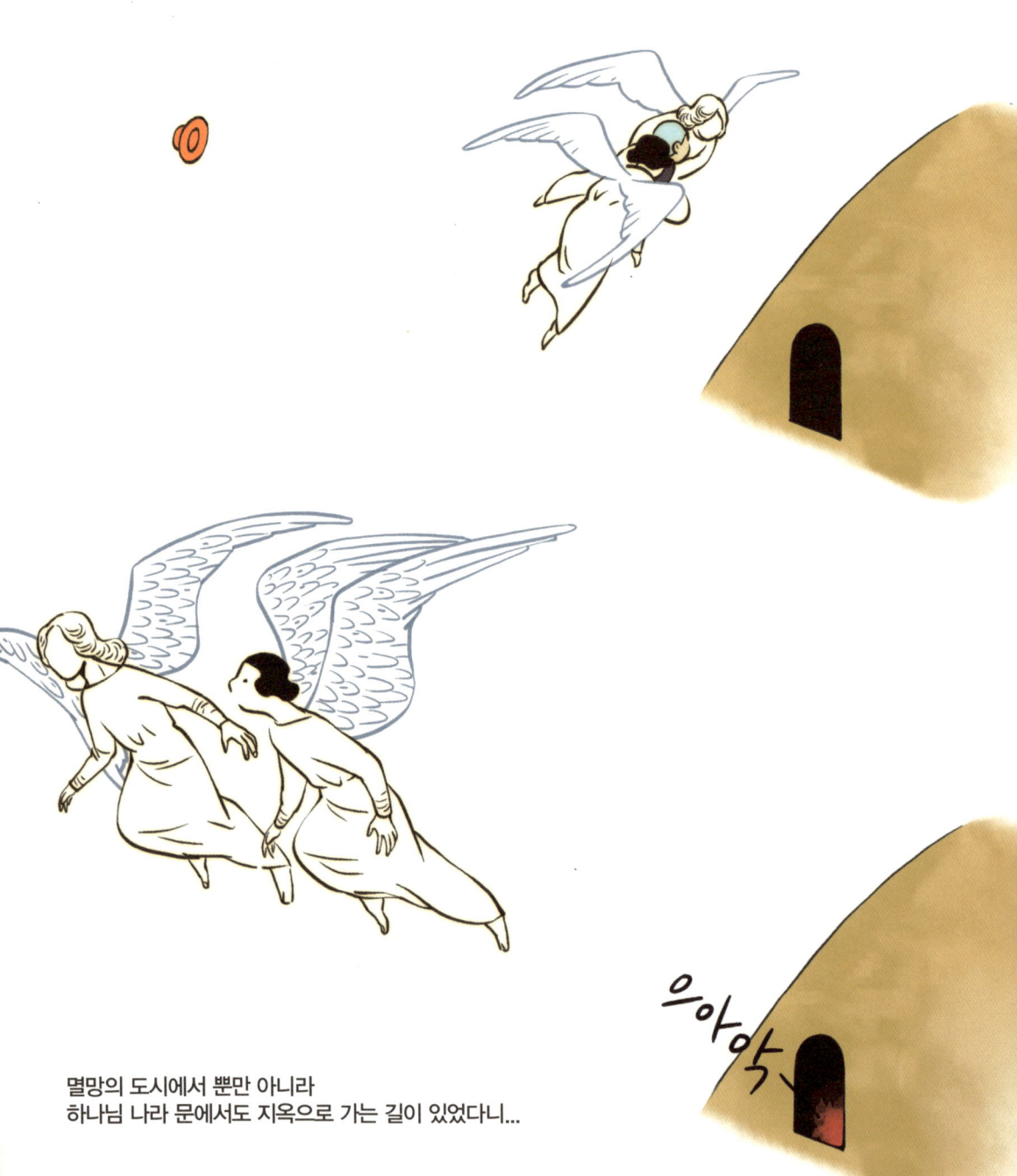

멸망의 도시에서 뿐만 아니라
하나님 나라 문에서도 지옥으로 가는 길이 있었다니...

깨어보니, 꿈... 꿈이었다.

사명선언문

너희가 흠이 없고 순전하여……세상에서 그들 가운데 빛들로
나타내며 생명의 말씀을 밝혀 _ 빌 2:15-16

1. 생명을 담겠습니다
만드는 책에 주님 주신 생명을 담겠습니다.
그 책으로 복음을 선포하겠습니다.

2. 말씀을 밝히겠습니다
생명의 근본은 말씀입니다.
말씀을 밝혀 성도와 교회의 성장을 돕겠습니다.

3. 빛이 되겠습니다
시대와 영혼의 어두움을 밝혀 주님 앞으로 이끄는
빛이 되는 책을 만들겠습니다.

4. 순전히 행하겠습니다
책을 만들고 전하는 일과 경영하는 일에 부끄러움이 없는
정직함으로 행하겠습니다.

5. 끝까지 전파하겠습니다
모든 사람에게, 땅 끝까지, 주님 오시는 그날까지
복음을 전하는 사명을 다하겠습니다.

서점 안내

광화문점   서울시 종로구 새문안로 69 구세군회관 1층
02)737-2288 / 02)737-4623(F)

강남점   서울시 서초구 신반포로 177 반포쇼핑타운 3동 2층
02)595-1211 / 02)595-3549(F)

구로점   서울시 동작구 시흥대로 602, 3층 302호
02)858-8744 / 02)838-0653(F)

노원점   서울시 노원구 동일로 1366 삼봉빌딩 지하 1층
02)938-7979 / 02)3391-6169(F)

일산점   경기도 고양시 일산서구 중앙로 1391 레이크타운 지하 1층
031)916-8787 / 031)916-8788(F)

의정부점   경기도 의정부시 청사로47번길 12 성산타워 3층
031)845-0600 / 031)852-6930(F)

인터넷서점   www.lifebook.co.kr